VENTE DU MERCREDI 22 MARS 1893

HOTEL DROUOT, SALLE N° 11

TABLEAUX

OBJETS D'ART ET D'AMEUBLEMENT

BIJOUX, BRILLANTS

ORFÈVRERIE

EXPOSITION PUBLIQUE

Le Mardi 21 Mars 1893, de 1 heure 1/2 à 5 heures 1/2

Me PAUL CHEVALLIER	M. CHARLES MANNHEIM
COMMISSAIRE-PRISEUR	EXPERT
10, rue de la Grange-Batelière, 10	7, rue Saint-Georges, 7

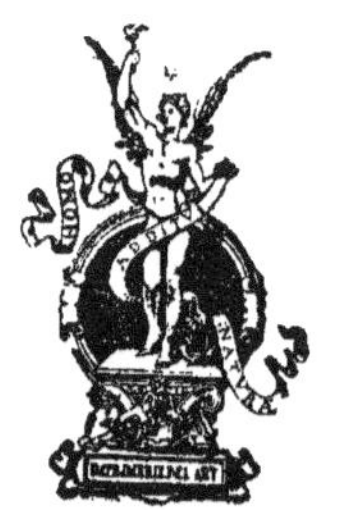

CATALOGUE

DE

TABLEAUX ANCIENS

CURIOSITÉS

BIJOUX, BRILLANTS, ORFÈVRERIE

OBJETS DE VITRINE

Porcelaines, Faïences

BRONZES D'ART ET D'AMEUBLEMENT

Candélabres Louis XVI, bronze doré et marbre blanc

MEUBLES

Étoffes, Broderies, Tapisseries

DONT LA VENTE AURA LIEU

HOTEL DROUOT, SALLE N° 11

Le Mercredi 22 Mars 1893

A DEUX HEURES

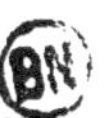

COMMISSAIRE-PRISEUR	EXPERT
Mᵉ PAUL CHEVALLIER	**M. Ch. MANNHEIM**
10, rue de la Grange-Batelière, 10	7, rue Saint-Georges, 7

EXPOSITION PUBLIQUE

LE MARDI 21 MARS 1893

DE 1 HEURE 1/2 A 5 HEURES 1/2

CONDITIONS DE LA VENTE

Elle sera faite expressément au comptant.

Les acquéreurs payeront *cinq pour cent* en sus des adjudications.

L'Exposition mettant les acquéreurs à même de se rendre compte de l'état des objets, il ne sera admis aucune réclamation une fois l'adjudication prononcée.

Paris. — Imp. de l'Art, E. Ménard et Cie, 41, rue de la Victoire.

DÉSIGNATION DES OBJETS

TABLEAUX

1 — Bʀɪᴄᴀʀᴅ (Signé A.). Trophée de chasse.

2 — Cᴏᴜsʏɴs (Signé S.). La Vierge et l'Enfant Jésus représentés dans des cartouches enguirlandés de fleurs. Deux pendants.

3 — De Vʀɪᴇs. Chemin sinueux dans la forêt.

4 — Dʀᴏɢsʟᴏᴏᴛ. Place d'une ville hollandaise, animée de nombreuses figurines, de cavaliers, de mousquetaires, etc.

5 — F. R. (initiales). Vue d'une ville de Hollande. Peinture soignée dans le goût de Van der Heyden, avec figurines en costumes du commencement du siècle.

6 — Écᴏʟᴇ ꜰʟᴀᴍᴀɴᴅᴇ (xvɪɪe siècle). Une galerie de tableaux. Les tableaux d'une riche galerie du xvɪɪe siècle, étagés sur plusieurs rangs dans leurs cadres de bois noir portant les noms des auteurs, sont reproduits avec une scrupuleuse exactitude. On y remarque des œuvres de Raphael, de Cranach, de Quentin Metsys, de Van Dyck, de Fyt, de

Vander Meulen, des peintures de genre, des fleurs, des paysages de Breughel, etc. Tableau fort intéressant.

7 — ÉCOLE FLAMANDE (fin du xvᵉ siècle). La Vierge et l'Enfant Jésus.

8 — HONTHORST (Attribué à). Portrait d'un artiste, en pourpoint taillardé, grandeur nature ; il tient un tableau représentant un peintre assis, la palette en main.

9 — JULIARD. Paysage avec lavandières, dans le goùt de Boucher.

10 — KONING (DE). Le Paiement des fermages.

11 — LAMPI (Attribué à). Portrait d'une jeune dame de la Cour de Russie, en costume de Louis XVI, et portant la décoration de Catherine II. Gracieux portrait de forme ovale.

12 — OSTADE (Genre de Van). Villageois se montrant à une fenêtre.

13 — PALAMÈDE (Genre de). Les Joueurs de cartes.

14 — STEPHAN (J.). Deux Ports de mer.

15 — SWEBACH. Épisode de la guerre de Russie. Signé et daté 1816.

16 — TENIERS (École de). Le Retour des moissonneurs.

17 — TENIERS (École de). Fête flamande.

18 — THIELEN (Van). Le Christ et la Vierge. Deux peintures en camaïeu ; médaillons encadrés de guirlandes de fleurs.

19 — VELDE (École de W. Van den). Marine, temps calme.

20 — ÉCOLE ALLEMANDE. — Les Bords du Rhin.

21 — ÉCOLE FRANÇAISE. L'Oiseleur.

22 — ÉCOLE FRANÇAISE. Chiens et Singes.

23 — ÉCOLE HOLLANDAISE (XVIIe siècle). Portrait d'un officier; peinture ovale.

24 — ÉCOLE RUSSE. Peintre dans son atelier.

25 — ÉCOLE RUSSE. Jeune Fille russe.

26 — ÉCOLE MODERNE. Fleurs. Deux pendants.

BIJOUX, BRILLANTS

27 — Deux pendants d'oreilles formés chacun d'un beau brillant solitaire et d'une pendeloque entourée de brillants.

28 — Deux boutons d'oreilles formés chacun d'un brillant entouré de sept brillants plus petits.

29 — Mouche en brillants avec corps en topaze rose.

30 — Porte-bonheur avec améthyste cabochon entourée de brillants.

31 — Porte-bonheur avec turquoise entourée de brillants.

32 — Deux boucles d'oreilles composées chacune de trois saphirs cabochons, de trois brillants et de petites roses.

33 — Bague-câble en or avec brillant.

34 — Trois boutons de chemise, brillants.

35 — Broche ancienne, nœud, en roses.

36 — Bague avec chaton, turquoise et roses.

37 — Bracelet-gourmette en or avec fermoir enrichi d'un brillant et de six saphirs cabochons.

38 — Breloquet en or émaillé de la fin du xviiie siècle.

39 — Montre de dame en or émaillé, de Genève.

40 — Trois pièces : broche ronde avec pierres et deux boucles d'oreilles en or repercé.

41 — Trois pièces : épingle de cravate avec cigogne en or émaillé, épingle et cachet-breloque.

42 — Lot : broche-turquoise, broche et pendants à têtes de cheval et boutons filigranés.

43 — Deux tabatières de style Louis XV, argent doré.

ORFÈVRERIE

44 — Douze fourchettes à huîtres, de forme Louis XV, dorées partiellement. Écrin.

45 — Hanap à anse et couvercle en argent doré à figures et ornements rapportés. Orfèvrerie allemande du xviiie siècle.

46 — Seau à champagne et tasse à inscription niellée en argent. Travail russe.

47 — Douze cuillères, douze fourchettes et douze couteaux en vermeil dans une petite caisse en chêne.

48 — Vase à fleurs, argent doré et émaillé, de Toula.

49 — Gobelet et son présentoir en argent émaillé et doré, de Toula.

50 — Gobelet évasé en argent repoussé à médaillons et feuilles. Signé : W. Grosman. 11 sept. 1780.

51 — Étui à cigarettes en argent doré. Orfèvrerie russe.

52 — Gobelet en argent gravé et doré. Orfèvrerie russe.

53 — Gobelet de Toula, à médaillons et guirlandes niellés sur fond doré.

54 — Autre, à personnages en des médaillons ovales.

55 — Gobelet à panse renflée, en argent doré et décoré d'entrelacs émaillés bleu ; travail de Toula.

56 — Quatre petites timbales, argent gravé et doré.

57 — Porte-verre en argent gravé et doré, simulant un travail de vannerie.

58 — Salière russe, en forme de siège.

59 — Deux autres, plus petites.

60 — Trois petites salières russes élevées sur boules.

61 — Beurrier en forme de baquet.

62 — Deux salières en argent, de l'Empire, les anses figurées par des cygnes.

63 — Deux salières ovales, style Louis XVI, à mascarons et festons de feuilles.

64 — Deux pots à crème, dorés intérieurement.

65 — Sucrier ovale à godrons et frises de roses.

66 — Pomme de canne en argent, à figures, fleurs et ornements en relief. Écrin.

67 à 69 — Suite de trois images russes, le Christ, la Vierge
et saint Joseph avec revêtements en argent repoussé et
doré, datées 1790 et portant le timbre impérial. Les trois
peintures réunies pourraient former triptyque.

70 — Image russe, le Christ, avec revêtement en métal à
arabesques filigranées et émaillées.

OBJETS DE VITRINE

71 — Émail russe : Sujet de piété, dans un cadre en argent
repoussé et doré.

72 — Petit triptyque russe, peintures sur nacre et monture
en argent.

73 — Miniature ovale : Portrait de femme. Signé *Meuret*.

74 — Miniature rectangulaire : la Duchesse de Ferrare,
d'après Titien.

75 — Fixé ovale : Scène galante, costumes Louis XV.

76 — Plaque en émail de Limoges : Saint Joseph, par
Nouailher.

77 — Peinture sur cuivre. École des Franck : la Circonci-
sion.

78 — Peinture sur vélin : la Présentation, style flamand du
xve siècle

79 — Deux petites gravures anglaises en couleur. Cadre en bois.

80 — Trois miniatures : un Portrait ovale et deux paysages.

81 — Présentoir chinois en émail, à décor en couleur : la Pêche, marli rose à dessin de mosaïque.

82 — Petit coffret Louis XIII, en cuivre gravé, à figures et ornements. Signé : MICHAEL MAN.

83 — Bonbonnière ronde en poudre d'écaille, ornée sur le couvercle d'une miniature : l'Amour.

84 — Flacon à odeur, revêtement en argent.

85 — Autre, couleur ambre, à monture d'argent.

86 — Deux médaillons-bustes, ivoire sur fond verre bleu.

87 — Le Paradis Terrestre : figurines et animaux, arbres, ronde bosse en ivoire. Ancien travail flamand.

PORCELAINES, FAIENCES

88 — Fontaine en porcelaine décorée, du temps du premier Empire, médaillon peint en grisaille et encadrements en dorure, robinet argent doré.

89 — Quatre compotiers côtelés en Chine, à arabesques.

90 — Six assiettes en porcelaine de Gera, à marlis ajourés et décor à bouquets.

91 — Assiette creuse en porcelaine de l'Inde, à armoiries et festons de fleurs.

92 — Deux assiettes à bords contournés, décor à fleurs en couleurs et ornements en dorure. Fabrique impériale de Russie.

93 — Deux assiettes en vieux Chine décoré en émaux de couleurs ; au fond, des canards et, au marli, des divinités.

94 — Grand plat Saxe à décor dans le goût japonais.

95 — Deux assiettes porcelaine gaufrée à décor de grotesques en couleurs.

96 — Légumier Louis XVI et son plateau octogone, à bords ajourés en porcelaine de Berlin, médaillons à figures mythologiques.

97 — Figurine de femme accoudée sur un vase, porcelaine d'Allemagne.

98 — Deux groupes en porcelaine de Berlin.

99-100 — Huit figurines. Berlin.

101-102 — Huit figurines d'enfants, Saxe et Berlin.

103 — Dieu de longévité sur une gazelle, céramique chinoise.

104 — Aigle et dragon sur un rocher.

105 — Brûle-parfums, figurine en porcelaine russe.

106 — Cache-pot en porcelaine russe, médaillon à paysage sur fond rouge.

107 — Deux moutardiers et deux cuillères, en porcelaine de Saxe gaufrée et décorée de fleurs.

108 — Deux tasses Empire, décorées en couleur et dorure.

109 — Deux chiens de Fô, en regard, blanc de Chine.

110 — Deux petits vases-appliques en Japon à décor bleu.

111 — Deux vases Louis XVI à anses cariatides, en terre vernissée noir.

112 — Soupière et son plateau en forme de chou, en porcelaine émaillée au naturel.

113 — Cabaret en ancienne porcelaine d'Allemagne, trois grandes pièces et douze tasses avec soucoupes côtelées et à décor d'attributs en couleur.

114 — Assiettes de vieux Delft décorée en bleu ; au centre les armes de la famille de Lalaing.

115 — Ravier adhérent au plateau, en faïence de Marseille, à décor de fleurs.

116 — Aiguière en casque, à décor de fleurs en Strasbourg.

117 — Garniture de cinq vases, Delft polychrome à paysages.

118 — Canette en faïence hollandaise, couvercle en étain.

119 — Chope, même faïence.

BRONZES

120 — Deux grands candélabres du temps de Louis XVI, composés chacun d'un bouquet de pavots s'échappant d'un vase en marbre blanc élevé sur trépied en bronze doré. Ces vases reposent sur des socles à gorge de marbre blanc supportés par quatre sphinx en bronze.

121 — Groupe en bronze, les Adieux du cosaque, par Lanseret.

122 — Autre groupe en bronze, signé : le Retour du cosaque.

123 — Statuette en bronze, le Faune aux cymbales, signée, C : Pellas. Fir. 1812.

124 — Quatre frises en bronze : Jeux d'enfants.

125 — Trois appliques, sans fond : Enfants Bacchus en bronze doré.

126 — Deux vases de style Louis XVI en marbre blanc sur trépied, à têtes de satyres et guirlandes, en bronze ciselé et doré.

127 — Grande coupe en porcelaine gaufrée et décorée, genre Saxe, avec monture en bronze.

128 — Lampe sur pied en métal figuré par une cigogne dans une touffe de roseaux.

129 — Jardinière de suspension en porcelaine bleue et or, entourée de lumières et de feuillages en métal peint.

MEUBLES

130 — Petit meuble-vitrine Louis XV, le bas à tiroirs, en forme de commode en marqueterie de bois.

131 — Grande pendule et sa console d'applique, style Louis XIV, bois noirci avec cuivres, appliques et figurines.

132 — Commode flamande du xviiie siècle, en chêne, garnie de cuivres.

133 — Vitrine en hauteur, de forme Louis XV, garnie de cuivre ; l'intérieur est gainé en peluche rouge. Tablette en marbre.

134 — Petit bureau de dame, surmonté d'une glace, tout en ivoire, finement sculpté et ajouré.

135 — Glace rectangulaire à biseau, dans un cadre à rocailles et feuilles en bois sculpté et doré.

136 — Buffet en chêne sculpté à figures et ornements.

137 — Cabinet italien en ébène, décoré d'incrustations d'ivoire, sur sa table-console à pieds tors.

138 — Deux grands fauteuils, style Louis XIV, relevés de dorure et recouverts en tissu imitant le petit point

139 — Table russe avec sujet peint et ornements laqués.

140 — Chaise russe ornée de peintures et de dorure.

141 — Écran en bois d'acajou sculpté avec feuille en tapisserie : l'Empereur Nicolas et son état-major.

142 — Autre écran, acajou avec tapisserie.

143 — Écran en peluche avec feuille peinte imitant une tapisserie et signée Meyer.

TAPISSERIES, ÉTOFFES

144 — Tapisserie ancienne : verdure avec bordure.

145 — Deux fragments de tapisserie : verdure.

146 — Tableau exécuté en tapisserie au point : les Anges gardiens.

147 — Deux tableaux en broderie de soie, d'après Boucher.

148 — Deux tableaux en tapisserie au petit point : Joueur de guitare ; Jeune Fille cueillant des fleurs.

149 — Deux tableaux, tapisserie au point, scènes champêtres.

150 — Châle, crêpe de Chine blanc.

151 — Quatre rideaux de croisée.

152 — Couvre-lit et deux dessus d'oreillers en dentelle russe, à la main.

153 — Petit tapis à dessin cachemire.

154 — Robe chinoise en crêpe, enrichie de broderie de soies.

155 — Six morceaux de tapisserie au point pour siège.

156 — Tapis de table à grosses fleurs tissées en couleur sur fond d'or.

157 — Deux portières orientales, broderies de soies sur toile.

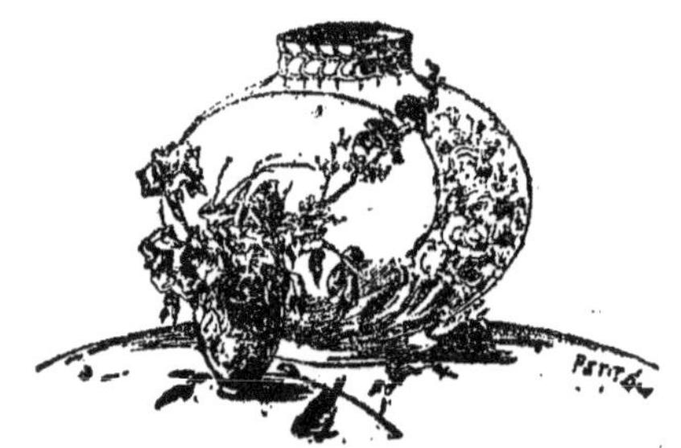